eher !
1:50
BURKH

BURKH · Phil Hubbe

Hier lebt der Fußball!

Die besten
Fußball-
Cartoons
aus dem
kicker

LAPPAN

4 EVER
GERD

Wenig wird in Deutschland ernster genommen als der Fußball. Dabei, so möchte man meinen, steht doch der Spaß im Vordergrund. Einerseits. Andererseits hat sich gerade der weltweit populärste Mannschaftssport zu einem gigantischen Unterhaltungs- und auch Wirtschaftsbetrieb entwickelt. Was automatisch mehr Anlass zur Berichterstattung gibt. Die Bandbreite für Reporter, Fotografen und, wie die folgenden Seiten zeigen, Zeichner ist groß.

Wer jedoch glaubt, erst der sogenannte „moderne Fußball" habe ein willkommenes Spielfeld für Karikaturisten bereitet, der irrt. Schon in den Anfängen des vor mehr als 100 Jahren gegründeten *kicker* waren Karikaturen ein häufig eingesetztes Stilmittel.

Als regelmäßigen Bestandteil der Meinungsseiten unserer Montagsausgabe haben wir die Karikatur im Frühjahr 2003 gezielt platziert. Seitdem sind Burkhard Fritsche und Phil Hubbe mit von der Partie. Ihrer intensiven Themenabsprache mit der Redaktion wohnen immer diese zwei Leitgedanken inne: Die Karikatur kann den Ereignissen im Fußball und somit den Leserinnen und Lesern ein Lächeln schenken. Sie muss immer wieder auch Entwicklungen im Sport mit spitzer Feder kritisieren. Fritsche und Hubbe halten dem Fußball regelmäßig den Spiegel vor. Sie untermalen damit die Berichterstattung und die Kommentierung des *kicker*.

Wenn dabei der Spaß am Spiel – bei allem Verdruss über die Begleiterscheinungen – nicht zu kurz kommt, muss man den Fußball wirklich nicht zu ernst nehmen. Die Auswahl der Karikaturen für dieses Buch haben die beiden Zeichner selbst getroffen. Das ist jetzt eine gute Gelegenheit, ihnen nicht nur dafür zu danken, sondern ebenso für die jahrelange Geduld bei der Themenfindung immer wieder sonntags am frühen Morgen. Egal, ob es um Robert Lewandowskis Torejagd mit dem FC Bayern in der Bundesliga ging, Jürgen Klopps Meisterschaft mit Borussia Dortmund oder um die (Un-)Tiefen des sprichwörtlichen „Kölner Kellers" bei der Einführung des Videobeweises.

Viel Vergnügen mit dem ersten *kicker*-Karikaturen-Buch!

Jörg Jakob
Chefredakteur *kicker*

16.08.2021 Erling Haaland startet furios mit zwei Toren und drei Assists am ersten Spieltag in die Saison 2021/22.

13.09.2021 Während Paris Saint-Germain mit Neymar, Messi und Mbappé als Titelfavorit in die Champions-League-Saison 2021/22 geht, hat der FC Barcelona sein Herzstück verloren.

30.08.2021 Im Transfersommer 2021 wechseln mit Romelu Lukaku, Lionel Messi und Cristiano Ronaldo gleich mehrere Superstars den Verein – und bis zum Schluss steht auch Mbappé kurz vor einem Wechsel.

Adi Hütters Mannschaftsansprache vor dem 0:4

23.08.2021 Am 2. Spieltag der Saison 2021/22 wird die Vier zur Gladbacher Unglückszahl – im Bundesligaduell gegen Bayer 04 Leverkusen muss Borussia Mönchengladbach nicht nur vier verletzte Spieler auswechseln, sondern verliert auch mit 0:4.

Deutscher Impfmeister 1. FC Köln!

09.08.2021 Als erster Bundesligaverein verkündet der 1. FC Köln im August 2021 vorerst nur noch geimpfte und genesene Zuschauer ins Stadion zu lassen.

Wenn Spieler zu gut sind!

08.03.2021 Borussia Dortmund schont den doppelten Torschützen Erling Haaland in der zweiten Halbzeit des Bundesligaduells mit Bayern München am 24. Spieltag der Saison 2020/21 – und gibt die Führung noch aus der Hand.

07.09.2020 Mit dem Start der Saison 2020/21 kehren nach einem halben Jahr Geisterspiele die Zuschauer zurück in die Bundesligastadien.

06.07.2020 Bayern München holt im Juli 2020 den DFB-Pokal – und will beim Champions-League-Finalturnier das zweite Triple der Vereinsgeschichte perfekt machen.

Heimvorteilsmantra im Geisterspiel

08.06.2020 Ohne Fans scheint der Heimvorteil in der Geisterspielzeit zu verpuffen.

Kontaktloser Torjubel erlaubt!

11.05.2020 Nach der Corona-Zwangspause startet im Mai 2020 der Spielbetrieb in der Bundesliga wieder unter strengen Auflagen.

Geisterspiele – Verhaltensregeln

27.04.2020 Die DFL legt Ende April 2020 ihr Konzept für den Neustart der Bundesliga nach der Corona-Pause vor.

skypefrisurenkonferenz

30.03.2020 Nicht nur die Bundesliga ruht Ende März 2020 – auch Friseure sind aufgrund der Corona-Pandemie geschlossen.

16.03.2020 Die Bundesligasaison 2019/20 muss m März 2020 wegen der Corona-Pandemie pausieren und steht vor einer ungewissen Zukunft.

Favres Problemklasse

23.12.2019 In den letzten beiden Spielen vor der Winterpause 2019/20 verspielt Borussia Dortmund Führungen und verliert so den Anschluss an die Tabellenspitze.

04.11.2019 Erstmals seit der Meistersaison 1976/77 schafft es Borussia Mönchengladbach Ende 2019 an acht Bundesligaspieltagen hintereinander an der Tabellenspitze zu stehen.

Saisonansprache bei Barca

15.07.2019 Beim FC Barcelona häufen sich die stillosen Transfers – nach Coutinho und Dembelé streikt sich im Sommer 2019 mit Antoine Griezmann ein weiterer Profi zum spanischen Topklub.

03.06.2019 Unter Coach Jürgen Klopp gewinnt der FC Liverpool in der Saison 2018/19 die Champions League und besteigt damit zum sechsten Mal den europäischen Fußballthron.

06.05.2019 In der Schlussphase der Saison 2018/19 wird der VAR (Video-Assistent) mit einer völlig unberechenbaren Auslegung der Handspielregel immer mehr zum Streitthema.

07.01.2019 Im Januar 2019 geht ein Video viral, in dem Franck Ribéry im Dubai-Urlaub ein golden verziertes Steak serviert bekommt – Ribéry kassiert einen Shitstorm und eine Geldstrafe vom FC Bayern München.

03.12.2018 Der Vereinspräsident Uli Hoeneß wird im Januar 2019 auf der Jahreshauptversammlung des FC Bayern München heftig attackiert – seine unantastbare Position im Verein scheint zu bröckeln.

Der Bundesligadominator!

2018/19 Nachdem Bayern München Anfang der Saison 2018/19 erstmals seit über drei Jahren zwei Bundesliganiederlagen in Folge kassierte, treten der Vorstandsvorsitzende Karl-Heinz Rummenigge und Präsident Uli Hoeneß vor die Presse und verurteilen die kritische Berichterstattung über ihren Verein mit Verweisen auf das Grundgesetz und die Menschenwürde. Trotz der Schwächephase wird Bayern München am Ende der Saison wieder Meister.

Optimismus in Köln

07.05.2018 Einen Spieltag vor Ende der Saison 2017/18 steht fest, dass der 1. FC Köln zum sechsten Mal in der Vereinsgeschichte in die zweite Bundesliga absteigt.

Auba hat Verständnis

29.01.2018 Pierre-Emerick Aubameyang will im Januar 2018 einen Wechsel von Borussia Dortmund zum FC Arsenal erzwingen – und zieht damit den Zorn der Fans und der Verantwortlichen auf sich.

20.11.2017 Nach zwölf Spieltagen in der Saison 2017/18 scheint das erste Zwischenfazit für den Videoassistenten verheerend – mal wird zu Unrecht eingegriffen, mal werden klare Fehlentscheidungen stehen gelassen.

13.11.2017 Nach einer Welle von Fehlentscheidungen fordert die DFL im November 2017 eine radikale Neuordnung des deutschen Schiedsrichterwesens.

Haifischbecken Bayern

15.10.2017 In seinem ersten Spiel bei seinem vierten Engagement als Trainer des FC Bayern München, einem 5:0-Sieg gegen den SC Freiburg, entfacht Jupp Heynckes direkt Euphorie.

09.10.2017 Nach dem Rauswurf Carlo Ancelottis übernimmt Jupp Heynckes im Oktober 2017 zum vierten Mal das Traineramt beim FC Bayern München.

02.10.2017 Der zu Beginn der Saison 2017/18 in der Bundesliga eingeführte Videobeweis hilft zwar den Schiedsrichtern – sorgt aber für Wartezeiten bei den Fans.

10.07.2017 Als erster Spieler wechselt Neymar im Sommer 2017 für eine Ablösesumme von über 200 Millionen Euro vom FC Barcelona zu Paris Saint-Germain.

12.06.2017 Innerhalb weniger Stunden wechseln im Juni 2017 zwei Trainer von Zweitligisten zu Bundesligisten – Domenico Tedesco von Erzgebirge Aue zu Schalke 04 und Heiko Herrlich von Jahn Regensburg zu Bayer 04 Leverkusen.

Königsblaue Wand bei nächster BVB-Fanentgleisung!

20.02.2017 Nachdem Borussia-Dortmund-Fans beim Heimspiel gegen RB Leipzig in der Saison 2016/17 verunglimpfende Transparente hochhielten und Schmähgesänge anstimmten, entscheidet das DFB-Sportgericht die Südtribüne für ein Punktspiel komplett zu sperren.

Nullnullduell der **Taktikfüchse**

23.05.2016 Der FC Bayern München unter Trainer Pep Guardiola gewinnt das DFB-Pokal-Finale 2016/17 mit 4:3 n. E. (0:0) gegen das von Thomas Tuchel trainierte Borussia Dortmund.

25.04.2016 Die Gerüchte eines Wechsels Mats Hummels von Borussia Dortmund zum FC Bayern München werden im April 2016 immer konkreter.

Auswärtsschwäche medizinisch getestet

18.04.2016 Während sie 13 ihrer 17 Heimspiele gewinnen, bleibt Borussia Mönchengladbach in der Saison 2015/16 zehn Auswärtsspiele in Folge sieglos.

07.12.2015 FC-Augsburg-Torwart Marvin Hitz bearbeitet vor einem Strafstoß für den 1. FC Köln den Rasen um den Elfmeterpunkt und prompt rutscht Anthony Modeste bei der Ausführung aus. Augsburg gewinnt das Duell im Dezember 2015 mit 1:0.

Zettel-Schuberts Taktikbluffs

30.11.2015 Als Borussia Mönchengladbach am 14. Spieltag der Saison 2015/16 nach 80 Minuten noch mit 2:3 gegen den Tabellenletzten Hoffenheim zurückliegt, stellt Trainer André Schubert das System um und gibt Einwechselspieler Nico Elvedi Taktiknotizen für seine Führungsspieler mit. Der Wechsel zeigt Wirkung und Gladbach gleicht kurz vor Schluss aus.

Videobeweis ist keine Lösung

02.11.2015 Während Zuschauer an den Fernsehbildschirmen und seine Assistenten im Stadion ein klares Abseits sehen, erkennt Schiedsrichter Manuel Gräfe in der Partie zwischen Bayer 04 Leverkusen und dem VfL Wolfsburg am 11. Spieltag der Saison 2015/16 Nicklas Bendtners Tor an. Die Entscheidung entfacht abermals eine Debatte um die Notwendigkeit eines Videobeweises.

12.10.2015 Jürgen Klopp wird im Oktober 2015 neuer Trainer des FC Liverpool und sorgt mit seiner Vorstellung für Euphorie an der Merseyside.

Alleschecker Guardiola

20.04.2015 Nach fast 40 Jahren als Mannschaftsarzt des FC Bayern tritt Dr. Müller-Wohlfahrt im April 2015 zurück – unter anderem wegen Unstimmigkeiten mit Coach Guardiola.

02.03.2015 Die Dortmunder Pierre-Emerick Aubameyang und Marco Reus feiern ihre Tore beim Derby gegen Schalke 04 im März 2015 mit Batman- und Robin-Maske.

15.09.2014 Borussia Dortmund holt im September 2014 Shinji Kagawa zurück und dieser trifft direkt in seinem ersten Auftritt und wird zum Spieler des Spiels.

Freistoßspray

08.09.2014 Nachdem es bereits bei der WM 2014 zum Einsatz kam, führt die DFL in der Saison 2014/15 das Freistoßspray auch im deutschen Profifußball ein.

11.08.2014 Vor dem Supercup 2014 zwischen Borussia Dortmund und Bayern München attackieren sich die Offiziellen der beiden Vereine verbal.

MAGATH AUF REISEN

17.02.2014 Nachdem die Verhandlungen mit dem Hamburger SV scheitern, verlässt Felix Magath im Februar 2014 Fußball-Deutschland und geht zum FC Fulham.

Spanien pleite, Real kauft **Bale**!

09.09.2013 Während Spaniens Banken in der Krise stecken, verpflichtet Real Madrid Gareth Bale für die Rekordablösesumme von 100 Millionen Euro und gibt gleichzeitig Publikumsliebling Mesut Özil für 50 Millionen an den FC Arsenal ab.

02.09.2013 Nach der Auszeichnung als Europas Fußballer des Jahres 2013 gilt Franck Ribéry auch als Favorit für den Titel des Weltfußballers – am Ende landet er aber nur auf Platz 3 hinter Cristiano Ronaldo und Lionel Messi.

Balljungentraining

28.01.2013 Im Halbfinal-Rückspiel des englischen Ligapokals im Januar 2013 attackiert Chelsea-Spieler Eden Hazard einen Balljungen, nachdem dieser ihm nicht direkt den Ball geben will und so Zeit schindet. Hazard fliegt vom Platz und Chelsea durch das 0:0 gegen Swansea aus dem Wettbewerb.

Ende Mai 2013 Im deutschen Champions-League-Finale zwischen Bayern München und Borussia Dortmund setzt sich im Mai 2013 der FC Bayern durch und feiert das erste Triple der Vereinsgeschichte.

Huub Stevens nach dem Rauswurf

17.12.2012 Nach sechs sieglosen Bundesligaspielen in Folge wird Huub Stevens im Dezember 2012 bei Schalke 04 entlassen.

10.12.2012 Die Saison 2012/13 wird geprägt von Schiedsrichter-Fehlentscheidungen. Nach einem Duell zwischen Dortmund und Wolfsburg am 16. Spieltag, das durch einen unberechtigten Elfmeter mit ebenso unberechtigter Roter Karte auf den Kopf gestellt wurde, fordert Thomas Berthold im kicker die Einführung eines Videoassistenten.

i-Ball gehackt!

09.07.2012 Im Juli 2012 entscheidet das International Football Association Board künftig technische Hilfsmittel zur Unterstützung der Schiedsrichter zu erlauben. Schon in der Rückrunde soll in der Premier League die Torkamera „Hawk-Eye" eingesetzt werden.

Schiedsrichterassistenten topfit

06.02.2012 Das 0:0 zwischen dem VfL Wolfsburg und Borussia Mönchengladbach am 20. Spieltag der Saison 2011/2012 sticht vor allen Dingen durch zahlreiche knifflige Abseitsentscheidungen hervor, die die Schiedsrichterassistenten mit Bravour lösen.

06.06.2011 Schalke 04 erwägt im Juni 2011 eine Verpflichtung des 41-jährigen Torhüters Jens Lehmann – allerdings will dieser nur als Nummer 1 zu seinem Jugendverein zurückkehren.

22.11.2010 Nach dem 13. Spieltag der Saison 2010/11 steht Borussia Dortmund mit sieben Punkten Vorsprung an der Tabellenspitze – von Meisterambitionen will dennoch keiner sprechen.

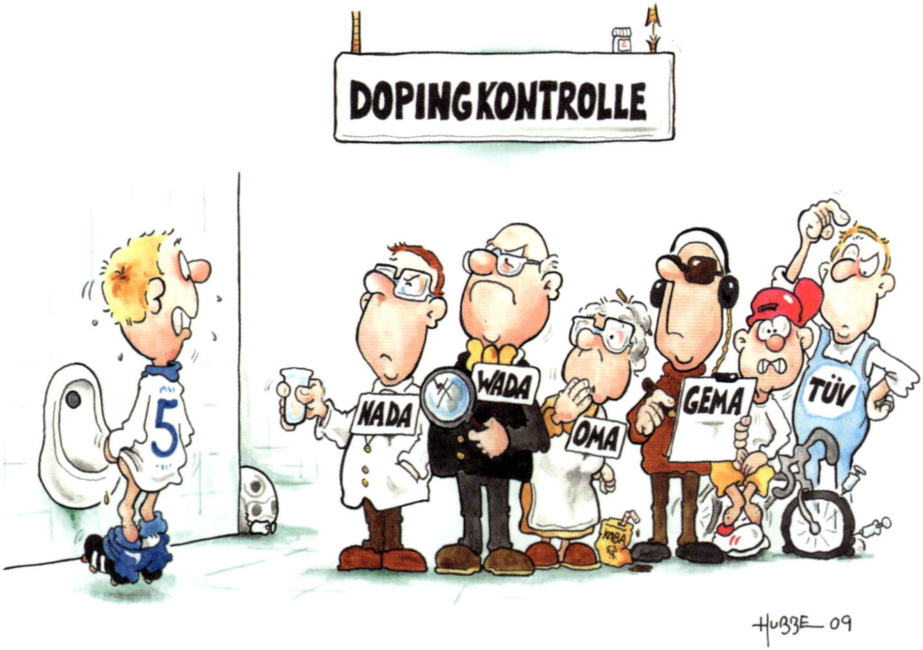

09.03.2009 Im Frühjahr 2009 ermittelt die DFB-Anti-Doping-Kommission gegen die Hoffenheim-Profis Andreas Ibertsberger und Christoph Janker, da diese nicht direkt zur Dopingkontrolle gingen, sondern erst an einer Mannschaftssitzung teilnahmen.

25.08.2008 Mark van Bommels frühe Gelb-Rote Karte gegen Borussia Dortmund (23. Minute) hat ihren Anteil, dass der FC Bayern München mit nur zwei Punkten aus den ersten zwei Spielen in die Saison 2008/09 startet.

15.11.2004 Im November 2004 wird das offizielle Maskottchen der WM 2006 in Deutschland vorgestellt: Goleo VI.

DFB-Elf mit ganz breitem Kreuz

06.09.2004 Mit dem neuen Bundestrainer Jürgen Klinsmann halten im September 2004 auch neue, amerikanische Trainingsmethoden in der deutschen Nationalmannschaft Einzug.

DFB – Team im Test!

16.01.2006 Während die deutsche Nationalmannschaft vor der WM 2006 auf dem Feld mit Abwehrproblemen zu kämpfen hat, sieht die Stiftung Warentest in vier der zwölf WM-Stadien erhebliche Sicherheitsmängel.

31.12.2007 Im Sommer 2008 trifft sich die europäische Fußballelite zur Europameisterschaft in Österreich und der Schweiz.

EINFÜHRUNG DER TORKAMERA...

10.08.2009 Nach mehreren Fehlentscheidungen fordern Profis, Trainer und Funktionäre zum Start der Bundesligasaison 2009/10 die Einführung der Torkamera.

12.07.2010 Nachdem die deutsche Nationalmannschaft bei der WM 2010 den dritten Platz holt, will der DFB Bundestrainer Jogi Löw zu einer Verlängerung seines auslaufenden Vertrages bewegen.

Multikulti-Länderspiel, Özil vs. Altintop

04.10.2010 Deutschland trifft im Oktober 2010 in der EM-Qualifikation auf die Türkei – dabei stehen mit Mesut Özil und Hamit Altintop auf beiden Seiten in Gelsenkirchen geborene Fußballer.

24.01.2011 14 Punkte Rückstand hat der FC Bayern München nach dem 19. Spieltag der Saison 2010/11 auf die Tabellenspitze – und blickt neidisch auf den Dortmunder Erfolgstrainer Jürgen Klopp.

Geläutert in den Rückrundenstart

02.01.2012 Der Schalker Jermaine Jones tritt im DFB-Pokal-Achtelfinale gegen Borussia Mönchengladbach Marco Reus absichtlich auf seinen gebrochenen Zeh und wird vom DFB deshalb für sechs Partien gesperrt.

Italien im Wettskandal

29.05.2012 Zwei Wochen vor Beginn der Europameisterschaft 2012 erschüttert ein Wettskandal Italien. Nach einer Durchsuchung im Trainingslager der Nationalmannschaft wird der eigentlich für das Turnier gesetzte Abwehrspieler Domenico Criscito wieder ausgeladen.

Blatter und das Geld

16.07.2012 Als im Juli 2012 herauskommt, dass der Sportvermarkter ISMM/ISL FIFA-Mitgliedern über 123 Millionen Schweizer Franken an Provisionen gezahlt hat, fordert DFL-Präsident Dr. Reinhard Rauball den Rücktritt des FIFA-Präsidenten Sepp Blatters. Blatter hingegen teilt aus und wirft dem deutschen WM-Bewerbungskomitee Bestechungen bei der Vergabe der WM 2006 vor.

25.03.2013 In der Qualifikation für die WM 2014 tritt Deutschland vermehrt ohne echten Stürmer an – und hat damit Erfolg.

18.08.2014 Nach dem Weltmeistertitel 2014 verkünden Philipp Lahm und Per Mertesacker ihren Rücktritt aus der deutschen Nationalmannschaft.

29.02.2016 Gianni Infantino wird im Februar 2016 zum neuen FIFA-Präsidenten gewählt. Seine Wahl findet ein gespaltenes Echo.

Beckenbauer versteht die Aufregung nicht

19.09.2016 Im September 2016 kommt heraus, dass der DFB Millionen aus dem Oddset-Staatsvertrag zweckentfremdete und sie Franz Beckenbauer als Honorar auszahlte.

GIANNI "COLUMBUS" INFANTINO AUF ENTDECKERFAHRT

16.01.2017 Im Januar 2017 entscheidet der FIFA-Rat, dass die Fußball-WM künftig mit 48 Teams ausgetragen wird und setzt damit den Wunsch des Präsidenten Gianni Infantino um.

Nationalmannschaftssponsor VW

10.07.2017 Im Juli 2017 wird verkündet, dass Mercedes nach mehr als vier Jahrzehnten von VW als DFB-Sponsor abgelöst wird.

19.03.2018 Im März 2018 gibt die FIFA bekannt, dass bei der kommenden WM in Russland der Videoassistent zum Einsatz kommt.

Brasilien raus

09.07.2018 Brasilien scheidet im Viertelfinale der WM 2018 mit 1:2 gegen Belgien aus.

Jugendwahn im DFB

25.03.2019 Nach dem Vorrundenaus bei der WM 2018 startet Jögi Löw mit einem stark verjüngten Team in die Qualifikation zur EM 2020.

Warum Männer mehr verdienen müssen

17.06.2019 Zeitgleich zur Fußball-WM der Frauen in Frankreich veröffentlicht das Wirtschaftsmagazin Forbes im Juni 2019 sein jährliches Einkommensranking.

16.09.2019 Wie bereits in der Vorsaison teilen sich auch 2019/20 DAZN und Sky die Übertragungsrechte für die Champions League und bestimmen in einem komplexen Auswahlverfahren, wer welche Übertragungen bekommt.

Katar, WM

07.10.2019 Teilnehmerinnen kollabieren in der Hitze, die Siegerin läuft den langsamsten Gold-Marathon der WM-Geschichte und am Ende schaffen es weniger als 2/3 der Läuferinnen ins Ziel. Bei der Leichtathletik-WM 2019 in Katar wird der Marathon der Frauen zum Debakel und wirft Fragen über die Durchführbarkeit der Fußball-WM 2022 auf.

TV-EXPERTE SCHWEINSTEIGER IN DER MASKE ...

14.10.2019 Bastian Schweinsteiger beendet im Oktober 2019 seine Karriere und wird wenige Tage später als neuer ARD-Experte vorgestellt.

Nullzusechs!

23.11.2020 Deutschland geht Mitte November 2020 in der Nations League mit 0:6 gegen Spanien unter.

30.11.2020 Die wegen der Corona-Pandemie verspätet gestartete Saison 2020/21 sorgt für Terminstress in der Vorweihnachtszeit.

Vielflieger – EURO 2020

14.06.2021 Bei der paneuropäisch ausgetragenen EM 2021 sammeln die Teilnehmer fleißig Flugmeilen.

Jung-Haaland jagt Lewandowski-Rekord

17.05.2021 Robert Lewandowski holt Gerd Müllers Rekord von 40 Toren in einer Bundesligasaison ein – und Erling Haaland steht in den Startlöchern, um Lewandowski den Fabelrekord in Zukunft wieder wegzuschnappen.

BURKH (Burkhard Fritsche), 1952 geboren, studierte und lehrte Bildende Kunst, lebt in Köln und ist seit 1980 freier Cartoonist. Er veröffentlicht in zahlreichen Zeitungen und Zeitschriften satirische und politische Cartoons. Seine Fußballbegeisterung gehört seit seiner Kindheit in Mönchengladbach zu seiner DNA. Zu Papier brachte er sie schon zu Schulzeiten als zeichnender Chronist der Fohlenelf. Heute lebt er sie in seinen Cartoons für den *kicker* aus. Beim Bundesligaaufstieg 1965 stürmte er mit halb Mönchengladbach den Rasen des Bökelbergs und klopfte Günter Netzer höchstpersönlich auf die Schulter: „Jut jemacht, Jünter." **www.burkh.com**

Phil Hubbe, Jahrgang 1966, wohnt und arbeitet in Magdeburg, Stadt des einstigen und einzigen ostdeutschen Europapokalsiegers 1. FCM. Seit 1992 verdient er sein Geld mit dem Zeichnen und beliefert neben seinen „behinderten Cartoons" täglich verschiedene Tageszeitungen mit politischer Satire. Sein Humor ist dabei oft so schwarz wie sein Kaffee. Auch seine Liebe zum Fußball verarbeitet er regelmäßig in Karikaturen für den *kicker*. Als Felix Magath einen originalen Hubbe erwarb, verpflichtete er ihn damals auch gleichzeitig als Zeichner für das Stadionmagazin des VfL Wolfsburg. **www.hubbe-cartoons.de**

Wir produzieren nachhaltig

- Klimaneutrales Produkt
- Papiere aus nachhaltigen und kontrollierten Quellen
- Hergestellt in Deutschland

MIX
Papier aus verantwortungsvollen Quellen
FSC www.fsc.org FSC® C018236

1. Auflage 2022
– Originalausgabe –

ISBN 978-3-8303-3632-7

Cartoons: BURKH und Phil Hubbe
Vorwort: Jörg Jakob
Kommentare: Christoph Huber und Björn Rohwer
Redaktion: Antje Haubner
Layout und Herstellung: Ralf Wagner
Covergestaltung: Ulrike Boekhoff mit einer Illustration von Phil Hubbe

Kicker für die Wand! 2023 kann kommen!

Jede Woche ein Cartoon von BURKH oder Phil Hubbe.
Und alle wichtigen Jubiläen und Geburtstage aus der Welt des Fußballs, zusammenstellt von der kicker-Redaktion.

BAYERNBEZWINGER
Alaaf war gestern- Helau!
srrr